Impressum
Verlag: BABADADA GmbH, Nedderfeld 112 , 22529 Hamburg
Geschäftsführer / Verlagsleitung: Harald Hof
Druck: Books on Demand GmbH, In de Tarpen 42, 22848 Norderstedt

Imprint
Publisher: BABADADA GmbH, Nedderfeld 112 , 22529 Hamburg, Germany
Managing Director / Publishing direction: Harald Hof
Print: Books on Demand GmbH, In de Tarpen 42, 22848 Norderstedt, Germany

la salle de classe
el salón de clases

diviser
dividir

186/2

le tableau noir
el pizarrón

la cour de récréation
el patio

l'enseignant
el maestro

le papier
el papel

écrire
escribir

le stylo
el bolígrafo

le bureau
el escritorio

la règle
la regla

le livre
el libro

l'élève
el alumno

le sac d'école
....
la mochila

la trousse
....
la caja de lápices

le crayon
....
el lápiz

le taille-crayon
....
el sacapuntas

la gomme
....
la goma de borrar

le carnet à dessin
....
el bloc de dibujo

le dessin

el dibujo

le pinceau

el pincel

la boîte de peinture

la caja de lápices de color

les ciseaux

las tijeras

la colle

el pegamento

le cahier d'exercices

el libro de ejercicios

les tâches

la tarea

le chiffre

el número

2+2

additionner

sumar

5-2

soustraire

restar

2×2

multiplier

multiplicar

calculer

calcular

la lettre

la letra

l'alphabet

el alfabeto

le mot

la palabra

le texte

el texto

lire

leer

la craie

la tiza

la leçon

la lección

le livre de classe

el cuaderno de clase

l'examen

el examen

le certificat

el certificado

l'uniforme scolaire

el uniforme

la formation

la educación

le lexique

la enciclopedia

l'université

la universidad

le microscope

el microscopio

la carte

el mapa

la corbeille à papier

el bote de basura

l'hôtel
el hotel

l'auberge
el hostel

le bureau de change
la casa de cambio

la valise
la maleta

la voiture
el carro

la langue

el idioma

oui / non

sí / no

d'accord

Órale

Salut

hola

l'interprète

el traductor

merci

Gracias

Combien coûte...?

¿cuánto cuesta...?

Je ne comprends pas

No entiendo

le problème

el problema

Bonsoir!

¡Buenas tardes!

Bonjour!

¡Buenos días!

Bonne nuit!

¡Buenas noches!

Au revoir

adiós

la direction

la dirección

les bagages

el equipaje

le sac

la bolsa

le sac-à-dos

la mochila

l'hôte

el invitado

la pièce

la recámara

le sac de couchage

la bolsa de dormir

la tente

la tienda de campaña

l'office de tourisme

la información turística

la plage

la playa

la carte de crédit

la tarjeta de crédito

le petit-déjeuner

el desayuno

le déjeuner

el almuerzo

le dîner

la cena

le billet

el billete

l'ascenseur

el ascensor

le timbre

el sello

la frontière

la frontera

la douane

la aduana

l'ambassade

la embajada

le visa

la visa

le passeport

el pasaporte

l'avion
el avión

le navire
el barco

le véhicule de pompiers
el camión de bomberos

le bus
el autobús

le camion
el camión

e bateau à moteur
a lancha a motor

la bicyclette
la bicicleta

la voiture
el carro

le ferry
el ferry

la barque
el bote

la moto
la motocicleta

la voiture de police
la patrulla

la voiture de course
el coche de carreras

la voiture de location
el auto para rentar

l'autopartage

la renta de autos

la dépanneuse

la grúa

la benne à ordures

el camión recolector de basura

le moteur

el motor

l'essence

la gasolina

la station d'essence

la gasolinera

le panneau indicateur

la señal de tráfico

le trafic

el tránsito

l'embouteillage

el embotellamiento

le parking

el aparcamiento

la gare

la estación de tren

les rails

las vías

le train

el tren

le tram

el tranvía

le wagon

el vagón

l'hélicoptère
el helicóptero

l'aéroport
el aeropuerto

la tour
la torre

le passager
el pasajero

le container
el contenedor

le carton
la caja de cartón

le chariot
la carretilla

la corbeille
la cesta

décoller / atterrir
despegar / aterrizar

la ville
la ciudad

le village
el pueblo

le centre-ville
el centro de la ciudad

la maison
la casa

le cinéma
el cine

la publicité
el anuncio

le réverbère
el farol

la rue
la calle

le taxi
el taxi

le kiosque
la dulcería

le piéton
el peatón

le trottoir
la banqueta

le carrefour
el cruce

le passage piéton
el paso peatonal

la poubelle
el bote de basura

les feux de circulation
el semáforo

CINEMA

la cabane
la cabaña

l'appartement
el apartamento

la gare
la estación de tren

la mairie
el ayuntamiento

le musée
el museo

l'école
la escuela

l'université

la universidad

la banque

el banco

l'hôpital

el hospital

l'hôtel

el hotel

la pharmacie

la farmacia

le bureau

la oficina

la librairie

la librería

le magasin

la tienda

le fleuriste

la florería

le supermarché

el supermercado

le marché

el mercado

le grand magasin

las grandes tiendas

la poissonnerie

la pescadería

le centre commercial

el centro comercial

le port

el puerto

la ville - la ciudad

le parc
el parque

la banque
el banco

le pont
el puente

les escaliers
las escaleras

le métro
el metro

le tunnel
el túnel

l'arrêt de bus
la parada de autobús

le bar
el bar

le restaurant
el restaurante

la boîte à lettres
el buzón

le panneau indicateur
el letrero

le parcomètre
el parquímetro

le zoo
el zoológico

le réverbère
la alberca

la mosquée
la mezquita

la ferme
la granja

la pollution
la contaminación

le cimetière
el cementerio

l'église
la iglesia

l'aire de jeux
el área de niños

le temple
el templo

le paysage
el paisaje

la feuille
la hoja

le panneau indicateur
la señal

le chemin
el camino

le pré
la pradera

la pierre
la piedra

le randonneur
el caminante

l'arbre
el árbol

la rivière
el río

l'herbe
el pasto

la fleur
la flor

la vallée

el valle

la montagne

la montaña

le lac

el lago

la forêt

el bosque

le désert

el desierto

le volcan

el volcán

le château

el castillo

l'arc-en-ciel

el arco iris

le champignon

el champiñón

le palmier

la palmera

le moustique

el mosquito

la mouche

la mosca

les fourmis

la hormiga

l'abeille

la abeja

l'araignée

la araña

le scarabée

el escarabajo

la grenouille

la rana

l'écureuil

la ardilla

le hérisson

el erizo

le lapin

la liebre

la chouette

la lechuza

l'oiseau

el pájaro

le cygne

el cisne

le sanglier

el jabalí

le cerf

el ciervo

l'élan

el alce

le barrage

el embalse

l'éolienne

la turbina eólica

le panneau solaire

el panel solar

le climat

el clima

le serveur
el camarero

le menu
el menú

la chaise
la silla

la soupe
la sopa

la pizza
la pizza

les services
los cubiertos

la nappe
el mantel

les hors d'œuvre

la entrada

le plat principal

el plato fuerte

le dessert

el postre

les boissons

las bebidas

l'alimentation

la comida

la bouteille

la botella

le fast-food

la comida rápida

les plats à emporter

la comida de la calle

la théière

la tetera

le sucrier

la azucarera

la portion

la porción

la machine à expresso

la cafetera espresso

la chaise haute

la periquera

la facture

la cuenta

le plateau

la charola

le couteau

el cuchillo

la fourchette

el tenedor

la cuillère

la cuchara

la cuillère à thé

la cuchara de té

la serviette

la servilleta

le verre

el vaso

l'assiette
el plato

l'assiette à soupe
el plato hondo

la soucoupe
el plato

la sauce
la salsa

la salière
el salero

le moulin à poivre
el molino para pimienta

le vinaigre
el vinagre

l'huile
el aceite

les épices
las especias

le ketchup
el kétchup

la moutarde
la mostaza

la mayonnaise
la mayonesa

l'offre promotionnelle
la oferta especial

le client
el cliente

les produits laitiers
los productos lácteos

les fruits
la fruta

le caddie
el carrito para compras

la boucherie
la carnicería

la boulangerie
la panadería

peser
pesar

les légumes
los vegetales

la viande
la carne

les aliments surgelés
los alimentos congelados

la charcuterie

las carnes frías

les conserves

los alimentos enlatados

la poudre à lessive

el detergente en polvo

les bonbons

los dulces

les articles ménagers

los electrodomésticos

les détergents

productos de limpieza

la vendeuse

la vendedora

la caisse

la caja

le caissier

el cajero

la liste d'achats

la lista de compras

les heures d'ouverture

el horario de atención al
público

le portefeuille

la cartera

la carte de crédit

la tarjeta de crédito

le sac

la bolsa

le sac en plastique

la bolsa de plástico

l'eau

el agua

le jus de fruit

el jugo

le lait

la leche

le coca

el refresco de cola

le vin

el vino

la bière

la cerveza

l'alcool

el alcohol

le chocolat chaud

el cacao

le thé

el té

le café

el café

l'expresso

el espresso

le cappuccino

el cappuccino

la banane

el plátano

la pomme

la manzana

l'orange

la naranja

le melon

el melón

le citron

el limón

la carotte

la zanahoria

l'ail

el ajo

le bambou

el bambú

l'oignon

la cebolla

le champignon

el champiñón

les noisettes

las nueces

les pâtes

los fideos

les spaghettis

los espaguetis

le riz

el arroz

la salade

la ensalada

les frites

las patatas fritas

les pommes de terre rôties

las patatas fritas

la pizza

la pizza

le hamburger

la hamburguesa

le sandwich

el emparedado

l'escalope

el filete

le jambon

el jamón

le salami

el salami

la saucisse

la salchicha

le poulet

el pollo

le rôti

el asado

le poisson

el pescado

les flocons d'avoine

los copos de avena

le muesli

el muesli

les cornflakes

los copos de maíz

la farine

la harina

le croissant

el cuernito

les petits-pains

el bolillo

le pain

el pan

le pain grillé

la tostada

les biscuits

las galletas

le beurre

la mantequilla

le fromage blanc

la cuajada

le gâteau

el pastel

l'œuf

el huevo

l'œuf au plat

el huevo frito

le fromage

el queso

la glace

el helado

le sucre

el azúcar

le miel

la miel

la confiture

la mermelada

la crème nougat

la crema de chocolate

le curry

el curry

la ferme
la granja

la grange
el granero

la botte de paille
una paca de paja

le champ
el campo

le cheval
el caballo

la remorque
el remolque

le poulain
el potro

le tracteur
el tractor

l'âne
el burro

le mouton
la oveja

l'agneau
el cordero

la chèvre
la cabra

la vache
la vaca

le veau
el ternero

le porc
el cerdo

le porcelet
el lechón

le taureau
el toro

l'oie
el ganso

le canard
el pato

le poussin
el pollo

la poule
la gallina

le coq
el gallo

le rat
la rata

le chat
el gato

la souris
el ratón

le bœuf
el buey

le chien
el perro

le chenil
la casa del perro

le tuyau de jardin
la manguera

l'arrosoir
la regadera

la faucheuse
la guadaña

la charrue
el arado

la faucille

la hoz

la pioche

el azadón

la fourche

la horquilla

la hache

el hacha

la brouette

la carretilla

la cuve

el bebedero

le pot à lait

el bote de leche

le sac

el saco

la clôture

la valla

l'étable

el establo

la serre

el invernadero

le sol

el suelo

les semences

la semilla

l'engrais

el fertilizador

la moissonneuse-batteuse

la cosechadora

récolter
cosechar

la récolte
la cosecha

l'igname
el camote

le blé
el trigo

le soja
la soja

la pomme de terre
la patata

le maïs
el maíz

le colza
la semilla de colza

l'arbre fruitier
el árbol frutal

le manioc
la mandioca

les céréales
las cereales

la cheminée
la chimenea

le toit
el tejado

la gouttière
el canalón

la fenêtre
la ventana

le garage
el garaje

la sonnette
el timbre

la porte
la puerta

la poubelle
el bote de basura

la boîte aux lettres
el buzón

le jardin
el jardín

le salon
la estancia

la chambre de bain
el baño

la cuisine
la cocina

la chambre à coucher
la recámara

la chambre d'enfant
la recámara de los niños

la salle à manger
el comedor

le sol
el suelo

le mur
la pared

le plafond
el techo

la cave
el sótano

le sauna
el sauna

le balcon
el balcón

la terrasse
la terraza

la piscine
la alberca

la tondeuse à gazon
el cortacésped

la fourre de duvet
la sábana

la couette
la colcha

le lit
la cama

le balai
la escoba

le sceau
el balde

l'interrupteur
el interruptor

le papier peint
el papel para empapelar

l'image
la imagen

la lampe
la lámpara

l'étagère
el estante

l'armoire
la alacena

la cheminée
la chimenea

la télé
la televisión

la fleur
la flor

le coussin
el cojín

le canapé
el sofá

le vase
el florero

la télécommande
el control remoto

le tapis
la alfombra

le rideau
la cortina

la table
la mesa

la chaise
la silla

la chaise à bascule
la mecedora

le fauteuil
el sillón

le livre

el libro

la couverture

la frazada

la décoration

la decoración

le bois de chauffage

la leña

le film

la película

la chaîne hi-fi

el equipo de música

la clé

la llave

le journal

el periódico

la peinture

la pintura

le poster

el póster

la radio

la radio

le bloc-notes

el cuaderno

l'aspirateur

la aspiradora

le cactus

el cactus

la bougie

la vela

le frigo
el refrigerador

le four à micro-ondes
el microondas

la balance de cuisine
la báscula de cocina

le toasteur
la tostadora

le détergent
el detergente

le compartiment congélateur
el congelador

le four
el horno

la poubelle
el bote de basura

le lave-vaisselle
el lavavajillas

le four
....
la olla a presión

la casserole
....
la olla

la marmite
....
la olla de hierro fundido

le wok/kadai
....
el wok

la poêle
....
la sartén

la bouilloire électrique
....
el hervidor

le cuiseur vapeur

la vaporera

la plaque de cuisson

la charola de horno

la vaisselle

la loza

le gobelet

la taza

le bol

el bol

les baguettes

los palillos

la louche

el cucharón

la spatule

la espátula

le fouet

la batidora

la passoire

el colador

le tamis

el colador

la râpe

el rallador

le mortier

el mortero

le barbecue

la barbacoa

la cheminée

la fogata

la planche à découper

la tabla para picar

le rouleau à pâtisserie

el rodillo para amasar

le tire-bouchon

el sacacorchos

la boîte

la lata

l'ouvre-boîte

el abrelatas

les maniques

el guante de cocina

le lavabo

el fregadero

la brosse

el cepillo

l'éponge

la esponja

le mixeur

la batidora

le congélateur

el congelador

le biberon

el biberón

le robinet

la llave

le chauffage
la calefacción

la douche
la ducha

la serviette
la toalla

le rideau de douche
la cortina de la ducha

le bain moussant
el baño de espuma

la baignoire
la tina

le verre
el vaso

la machine à laver
la lavadora

le robinet
la llave

le carrelage
las baldosas

le pot
la bacinica

le lavabo
el fregadero

les toilettes

el inodoro

la toilette à la turque

la letrina

le bidet

el bidé

l'urinoir

el mingitorio

le papier toilette

el papel higiénico

la brosse à toilette

el cepillo para baño

la brosse à dents

el cepillo de dientes

le dentifrice

la pasta dental

le fil dentaire

el hilo dental

laver

lavar

la douche manuelle

la ducha de mano

la douche intime

la ducha vaginal

la vasque

el fregadero

la brosse dorsale

el cepillo de espalda

le savon

el jabón

le gel douche

el gel de ducha

le shampooing

el champú

le gant de toilette

la toallita

l'écoulement

el drenaje

la crème

la crema

le déodorant

el desodorante

le miroir

el espejo

le miroir cosmétique

el espejo de tocador

le rasoir

la máquina para afeitar

la mousse à raser

la espuma de afeitar

l'après-rasage

la loción para después de afeitar

la peigne

el peine

la brosse

el cepillo

le sèche-cheveux

la secadora

la laque pour cheveux

la laca

le fond de teint

el maquillaje

le rouge à lèvres

el lápiz labial

le vernis à ongles

el esmalte para uñas

l'ouate

el algodón

le coupe-ongles

las tijeras para uñas

le parfum

el perfume

la trousse de toilette

estuche para cosméticos

le tabouret

el taburete

la balance

la báscula

le peignoir

la bata

les gants de nettoyage

los guantes de goma

le tampon

el tampón

es serviettes hygiéniques

la toalla sanitaria

la toilette chimique

el baño móvil

le réveil
el despertador

le doudou
el peluche

la voiture jouet
el carro de juguete

le hochet
la sonaja

la maison de poupée
la casa de muñecas

le cadeau
el regalo

le ballon
el globo

le lit
la cama

la poussette
la carriola

le jeu de cartes
las cartas

le puzzle
el rompecabezas

la bande dessinée
el cómic

les pièces lego

las piezas de lego

les blocs de construction

los bloques para jugar

la figurine

la figura de acción

la grenouillère

el mameluco

le frisbee

el frisbee

le mobile

el móvil para bebés

le jeu de société

el juego de mesa

le dé

los dados

le train miniature

el tren eléctrico

la sucette

el maniquí

la fête

la fiesta

le livre d'images

el álbum de fotos

la balle

el balón

la poupée

la muñeca

jouer

jugar

le bac à sable

el arenero

la balançoire

el columpio

les jouets

los juguetes

la console de jeu

la consola de videojuegos

le tricycle

el triciclo

l'ours en peluche

el oso de peluche

l'armoire

el clóset

les vêtements

la ropa

les chaussettes

los calcetines

les bas

las pantimedias

le collant

las mallas

l'écharpe
la bufanda

le parapluie
el paraguas

le t-shirt
la playera

la ceinture
el cinto

les bottes
las botas

les pantoufles
las chanclas

les baskets
los tenis

les sandales
....
las sandalias

les chaussures
....
los zapatos

les bottes de caoutchouc
....
las botas de goma

le linge de corps
....
la ropa interior

le soutien-gorge
....
el brasier

le maillot de corps
....
el chaleco

le body
el body

le pantalon
los pantalones

le jean
los pantalones de mezclilla

la jupe
la falda

le chemisier
la blusa

la chemise
la camisa

le pull
el suéter

le pull-over à capuche
la sudadera

la veste
el saco sport

la veste
la chamarra

le manteau
el abrigo

l'imperméable
el impermeable

le costume
el traje

la robe
el vestido

la robe de mariée
el vestido de novia

le costume

el traje

la chemise de nuit

el camisón

le pyjama

el pijama

le sari

el sari

le foulard

el pañuelo para la cabeza

le turban

el turbante

la burqa

la burka

le caftan

el caftán

l'abaya

la abaya

le maillot de bain

el traje de baño

le costume de bain

el short de baño

les cuissettes

los shorts

a tenue d'entraînement

los pants

le tablier

el delantal

les gants

los guantes

le bouton
el botón

les lunettes
las gafas

le bracelet
el brazalete

le collier
el collar

la bague
el anillo

la boucle d'oreille
el arete

le bonnet
la gorra

le cintre
el gancho

le chapeau
el sombrero

la cravate
la corbata

la fermeture éclair
el cierre

le casque
el casco

les bretelles
los tirantes

l'uniforme scolaire
el uniforme

l'uniforme
el uniforme

le bavoir
el babero

la sucette
el maniquí

la couche
el pañal

le bureau
la oficina

l'armoire d'archivage
el archivo

le serveur
el servidor

e papier
el papel

l'imprimante
la impresora

l'écran
el monitor

le bureau
el escritorio

la souris
el mouse

le classeur
la carpeta

le clavier
el teclado

la corbeille à papier
el bote de basura

la chaise
la silla

l'ordinateur
la computadora

la tasse à café
la taza de café

la calculatrice
la calculadora

l'internet
el internet

l'ordinateur portable

la notebook

la lettre

la carta

le message

el mensaje

le portable

el móvil

le réseau

la red

la photocopieuse

la fotocopiadora

le logiciel

el software

le téléphone

el teléfono

la prise

el tomacorriente

le fax

el fax

le formulaire

el formulario

le document

el documento

acheter

comprar

payer

pagar

marchander

hacer negocios

la monnaie

el dinero

le dollar

el dólar

l'euro

el euro

le yen

el yen

le rouble

el rublo

le franc suisse

el franco suizo

le renminbi yuan

el yuan

la roupie

la rupia

le distributeur automatique

el cajero automático

le bureau de change

la casa de cambio

l'or

el oro

l'argent

la plata

le pétrole

el petróleo

l'énergie

la energía

le prix

el precio

le contrat

el contrato

la taxe

el impuesto

l'action

la acción

travailler

trabajar

l'employé

el empleado

l'employeur

el empleador

l'usine

la fábrica

le magasin

la tienda

l'agent de police
el policía

le pompier
el bombero

le cuisinier
el cocinero

le médecin
el médico

le pilote
el piloto

le jardinier
el jardinero

le menuisier
el carpintero

la couturière
la costurera

le juge
el juez

le chimiste
el farmacéutico

l'acteur
el actor

le conducteur de bus

el conductor de autobús

le chauffeur de taxi

el taxista

le pêcheur

el pescador

la femme de ménage

la señora de la limpieza

le couvreur

el instalador de techos

le serveur

el camarero

le chasseur

el cazador

le peintre

el pintor

le boulanger

el panadero

l'électricien

el electricista

l'ouvrier

el obrero

l'ingénieur

el ingeniero

le boucher

el carnicero

le plombier

el plomero

le facteur

el cartero

le soldat
el soldado

l'architecte
el arquitecto

le caissier
el cajero

le fleuriste
el florista

le coiffeur
el peluquero

le contrôleur
el cobrador

le mécanicien
el mecánico

le capitaine
el capitán

le dentiste
el dentista

le scientifique
el científico

le rabbin
el rabino

l'imam
el imán

le moine
el monje

le prêtre
el sacerdote

las herramientas

le marteau
el martillo

les pinces
la pinza

le tournevis
el desarmador

la torche
la linterna

la clé
la llave

la pelleteuse

la excavadora

la boîte à outils

la caja de herramientas

l'échelle

la escalera de mano

la scie

la sierra

les clous

los clavos

la perceuse

el taladro

réparer

reparar

la pelle

la pala

Mince!

¡Maldición!

la pelle

el recogedor

le pot de peinture

el bote de pintura

les vis

los tornillos

les instruments de musique
los instrumentos musicales

le haut-parleur
el altavoz

la batterie
la batería

la guitare
la guitarra

la contrebasse
el contrabajo

la trompette
la trompeta

le piano

el piano

le violon

el violín

la basse

el bajo

les timbales

los timbales

le tambour

el tambor

le piano électrique

el teclado

le saxophone

el saxofón

la flûte

la flauta

le microphone

el micrófono

l'entrée
la entrada

le tigre
el tigre

la cage
la jaula

le zèbre
la cebra

l'alimentation animale
el alimento para animales

le panda
el oso panda

les animaux

los animales

l'éléphant

el elefante

le kangourou

el canguro

le rhinocéros

el rinoceronte

le gorille

el gorila

l'ours

el oso

le chameau

el camello

l'autruche

el avestruz

le lion

el león

le singe

el mono

le flamand rose

el flamenco

le perroquet

el loro

l'ours polaire

el oso polar

le pingouin

el pingüino

le requin

el tiburón

le paon

el pavo real

le serpent

la serpiente

le crocodile

el cocodrilo

le gardien de zoo

el guardián de zoológico

le phoque

la foca

le jaguar

el jaguar

le poney

el poni

le léopard

el leopardo

l'hippopotame

el hipopótamo

la girafe

la jirafa

l'aigle

el águila

le sanglier

el jabalí

le poisson

el pescado

la tortue

la tortuga

le morse

la morsa

le renard

el zorro

la gazelle

la gacela

l'american Football
el fútbol americano

le cyclisme
el ciclismo

le tennis
el tenis

le basket-ball
el baloncesto

la natation
la natación

la boxe
el boxeo

le hockey sur glace
el hockey sobre hielo

le football
el fútbol

le badminton
el bádminton

l'athlétisme
el atletismo

le handball
el handball

le ski
el esquí

le polo
el polo

rire
reír

sauter
saltar

embrasser
abrazar

marcher
caminar

chanter
cantar

rêver
soñar

prier
rezar

faire la bise
besar

écrire
escribir

dessiner
dibujar

montrer
mostrar

pousser
empujar

donner
dar

prendre
tomar

avoir

tener

faire

hacer

être

ser

être debout

estar parado

courir

correr

trier

jalar

jeter

arrojar

tomber

caer

être couché

estar acostado

attendre

esperar

porter

llevar

être assis

estar sentado

s'habiller

vestirse

dormir

dormir

se réveiller

despertar

regarder
mirar

pleurer
llorar

caresser
acariciar

peigner
peinar

parler
hablar

comprendre
entender

demander
preguntar

écouter
escuchar

boire
beber

manger
comer

ranger
ordenar

aimer
amar

cuire
cocinar

conduire
conducir

voler
volar

faire de la voile

navegar

calculer

calcular

lire

leer

apprendre

aprender

travailler

trabajar

se marier

casarse

coudre

coser

se brosser les dents

cepillarse los dientes

tuer

matar

fumer

fumar

envoyer

enviar

la grand-mère
la abuela

le grand-père
el abuelo

le père
el padre

la mère
la madre

le bébé
el bebé

la fille
la hija

le fils
el hijo

l'hôte

el invitado

la tante

la tía

l'oncle

el tío

le frère

el hermano

la sœur

la hermana

le corps
el cuerpo

le front
la frente

l'œil
el ojo

l'épaule
el hombro

le doigt
el dedo

le visage
la cara

le menton
la barbilla

la main
la mano

la poitrine
el pecho

la jambe
la pierna

le bras
el brazo

le bébé

el bebé

l'homme

el hombre

la femme

la mujer

la fille

la niña

le garçon

el niño

la tête

la cabeza

le dos
....
la espalda

le ventre
....
la barriga

le nombril
....
el ombligo

l'orteil
....
el dedo del pie

le talon
....
el talón

l'os
....
el hueso

la hanche
....
la cadera

le genou
....
la rodilla

le coude
....
el codo

le nez
....
la nariz

les fesses
....
las pompis

la peau
....
la piel

la joue
....
la mejilla

l'oreille
....
el oído

la lèvre
....
el labio

la bouche
la boca

la dent
el diente

la langue
la lengua

le cerveau
el cerebro

le cœur
el corazón

le muscle
el músculo

les poumons
el pulmón

le foie
el hígado

l'estomac
el estómago

les reins
los riñones

le rapport sexuel
el sexo

le préservatif
el condón

l'ovule
el óvulo

le sperme
el semen

la grossesse
el embarazo

la menstruation

la menstruación

le vagin

la vagina

le pénis

el pene

le sourcil

la ceja

les cheveux

el cabello

le cou

el cuello

l'hôpital
el hospital

l'ambulance
la ambulancia

le fauteuil roulant
la silla de ruedas

la fracture
la fractura

le médecin

el médico

le service des urgences

la sala de emergencias

l'infirmière

la enfermera

l'urgence

la emergencia

inconscient

inconsciente

la douleur

el dolor

la blessure
....
la lesión

l'hémorragie
....
la hemorragia

la crise cardiaque
....
el infarto

l'attaque cérébrale
....
el accidente
cerebrovascular

l'allergie
....
la alergia

la toux
....
la tos

la fièvre
....
la fiebre

la grippe
....
la gripa

la diarrhée
....
la diarrea

le mal de tête
....
el dolor de cabeza

le cancer
....
el cáncer

le diabète
....
la diabetes

le chirurgien
....
el cirujano

le scalpel
....
el bisturí

l'opération
....
la operación

le CT

TC

la radiographie

los rayos x

l'échographie

el ultrasonido

le masque

la mascarilla

la maladie

la enfermedad

la salle d'attente

la sala de espera

la béquille

la muleta

le pansement

la vendita

le pansement

el vendaje

l'injection

la inyección

le stéthoscope

el estetoscopio

le brancard

la camilla

le thermomètre

el termómetro

l'accouchement

el nacimiento

le surpoids

el sobrepeso

l'appareil auditif

el audífono

le désinfectant

el desinfectante

l'infection

la infección

le virus

el virus

le VIH / le sida

VIH / SIDA

le médicament

la medicina

la vaccination

la vacunación

les tablettes

las tabletas

la pilule

la pastilla anticonceptiva

l'appel d'urgence

amada de emergencia

le tensiomètre

el medidor de presión

malade / sain

enfermo / sano

Au secours!

¡Socorro!

l'alarme

la alarma

l'agression

la agresión

l'attaque

el ataque

le danger

el peligro

la sortie de secours

la salida de emergencia

Au feu!

¡Fuego!

l'extincteur

el extintor de incendios

l'accident

el accidente

la trousse de premier secours

el botiquín de primeros auxilios

SOS

SOS

la police

la policía

l'Europe

Europa

l'Amérique du Nord

Norteamérica

l'Amérique du Sud

Sudamérica

l'Afrique

África

l'Asie

Asia

l'Australie

Australia

l'Océan atlantique

el Atlántico

l'Océan pacifique

el Pacífico

l'Océan indien

el Océano Índico

l'Océan antarctique

el Océano Antártico

l'Océan arctique

el Océano Ártico

le Pôle nord

el polo norte

le Pôle sud
el polo sur

l'Antarctique
la Antártida

la terre
la tierra

le pays
la tierra

la mer
el mar

l'île
la isla

la nation
la nación

l'état
el estado

le cadran

la esfera

l'aiguille des heures

la manecilla de las horas

l'aiguille des minutes

el minutero

aiguille des secondes

el segundero

Quelle heure est-il?

¿Qué hora es?

le jour

el día

le temps

la hora

maintenant

ahora

la montre digitale

el reloj digital

la minute

el minuto

l'heure

la hora

la semaine
la semana

lundi / lunes
mardi / martes
mercredi / miércoles
jeudi / jueves
vendredi / viernes
samedi / sábado
dimanche / domingo

hier
ayer

aujourd'hui
hoy

demain
mañana

le matin
la mañana

le midi
el mediodía

le soir
la tarde

MO	TU	WE	TH	FR	SA	SU
1	2	3	4	5	6	7
8	9	10	11	12	13	14
15	16	17	18	19	20	21
22	23	24	25	26	27	28
29	30	31	1	2	3	4

les jours ouvrables
los días laborables

MO	TU	WE	TH	FR	SA	SU
1	2	3	4	5	6	7
8	9	10	11	12	13	14
15	16	17	18	19	20	21
22	23	24	25	26	27	28
29	30	31	1	2	3	4

le week-end
el fin de semana

la pluie
la lluvia

l'arc-en-ciel
el arco iris

le vent
el viento

la neige
la nieve

le printemps
la primavera

l'automne
el otoño

l'été
el verano

l'hiver
el invierno

la météo

pronóstico del tiempo

le thermomètre

el termómetro

la lumière du soleil

el sol

le nuage

la nube

le brouillard

la niebla

l'humidité

la humedad

la foudre
el rayo

le tonnerre
el trueno

la tempête
la tormenta

la grêle
el granizo

la mousson
el monzón

l'inondation
la inundación

la glace
el hielo

janvier
enero

février
febrero

mars
marzo

avril
abril

mai
mayo

juin
junio

juillet
julio

août
agosto

septembre
septiembre

octobre
octubre

novembre
noviembre

décembre
diciembre

les formes
las formas

le cercle
el círculo

le carré
el cuadrado

le rectangle
el rectángulo

le triangle
el triángulo

la sphère
la esfera

le cube
el cubo

blanc

blanco

jaune

amarillo

orange

naranja

rose

rosa

rouge

rojo

violet

morado

bleu

azul

vert

verde

marron

marrón

gris

gris

noir

negro

beaucoup / peu

mucho / poco

fâché / calme

enojado / tranquilo

joli / laid

bonito / feo

le début / la fin

principio / fin

grand / petit

grande / pequeño

clair / obscure

claro / oscuro

le frère / la sœur

hermano / la hermana

propre / sale

limpio / sucio

complet / incomplet

completo / incompleto

le jour / la nuit

el día / la noche

mort / vivant

muerto / vivo

large / étroit

ancho / angosto

comestible / incomestible
comestible / no comestible

méchant / gentil
malo / amable

excité / ennuyé
entusiasmado / aburrido

gros / mince
gordo / delgado

le premier / le dernier
primero / último

l'ami / l'ennemi
el amigo / el enemigo

plein / vide
lleno / vacío

dur / souple
duro / blando

lourd / léger
pesado / ligero

faim / soif
el hambre / la sed

malade / sain
enfermo / sano

illégal / légal
ilegal / legal

intelligent / stupide
inteligente / tonto

gauche / droite
izquierda / derecha

proche / loin
cerca / lejos

nouveau / usé

nuevo / usado

rien / quelque chose

nada / algo

vieux / jeune

viejo / joven

marche / arrêt

encendido / apagado

ouvert / fermé

abierto / cerrado

faible / fort

silencioso / ruidoso

riche / pauvre

rico / pobre

correct / incorrect

correcto / incorrecto

ruqueux / lisse

áspero / suave

triste / heureux

triste / contento

court / long

corto / largo

lent / rapide

lento / rápido

mouillé / sec

húmedo / seco

chaud / froid

caliente / frío

la guerre / la paix

guerra / paz

0

zéro

cero

1

un

uno

2

deux

dos

3

trois

tres

4

quatre

cuatro

5

cinq

cinco

6

six

seis

7

sept

siete

8

huit

ocho

9

neuf

nueve

10

dix

diez

11

onze

once

12

douze
doce

13

treize
trece

14

quatorze
catorce

15

quinze
quince

16

seize
dieciséis

17

dix-sept
diecisiete

18

dix-huit
dieciocho

19

dix-neuf
diecinueve

20

vingt
veinte

100

cent
cien

1.000

mille
mil

1.000.000

le million
el millón

l'anglais
el inglés

l'anglais américain
el inglés americano

le chinois mandarin
el chino mandarín

le hindi
el hindi

l'espagnol
el español

le français
el francés

l'arabe
el árabe

le russe
el ruso

le portugais
el portugués

le bengali
el bengalí

l'allemand
el alemán

le japonais
el japonés

je
....
yo

tu
....
tú

il / elle
....
él / ella

nous
....
nosotros

vous
....
vosotros

ils / elles
....
ellos

qui?
....
¿quién?

quoi?
....
¿qué?

comment?
....
¿cómo?

où?
....
¿dónde?

quand?
....
¿cuándo?

le nom
....
el nombre

derrière

detrás

dans

en

devant

delante de

au-dessus

por encima de

sur

sobre

en-dessous

debajo de

à côté de

junto a

entre

entre

le lieu

el lugar